BEI GRIN MACHT SICH IHR WISSEN BEZAHLT

AF131191

- Wir veröffentlichen Ihre Hausarbeit,
  Bachelor- und Masterarbeit

- Ihr eigenes eBook und Buch -
  weltweit in allen wichtigen Shops

- Verdienen Sie an jedem Verkauf

Jetzt bei www.GRIN.com hochladen und kostenlos publizieren

GRIN

Bibliografische Information der Deutschen Nationalbibliothek:

Die Deutsche Bibliothek verzeichnet diese Publikation in der Deutschen National-bibliografie; detaillierte bibliografische Daten sind im Internet über http://dnb.d-nb.de/ abrufbar.

Impressum:

Copyright © 2014 GRIN Verlag, Open Publishing GmbH
Druck und Bindung: Books on Demand GmbH, Norderstedt Germany
ISBN: 9783668403376

Dieses Buch bei GRIN:

http://www.grin.com/de/e-book/354003/dehnen-fuer-einen-kampfsportler-muskel-funktionstest-sowie-erstellung-eines

Simon Nitschke

Dehnen für einen Kampfsportler. Muskelfunktionstest sowie Erstellung eines Dehn- und Gleichgewichtsprogramms

GRIN Verlag

GRIN - Your knowledge has value

Der GRIN Verlag publiziert seit 1998 wissenschaftliche Arbeiten von Studenten, Hochschullehrern und anderen Akademikern als eBook und gedrucktes Buch. Die Verlagswebsite www.grin.com ist die ideale Plattform zur Veröffentlichung von Hausarbeiten, Abschlussarbeiten, wissenschaftlichen Aufsätzen, Dissertationen und Fachbüchern.

Besuchen Sie uns im Internet:

http://www.grin.com/

http://www.facebook.com/grincom

http://www.twitter.com/grin_com

Deutsche Hochschule für

Prävention und Gesundheitsmanagement

Hermann Neuberger Sportschule 3

66123 Saarbrücken

Einsendeaufgabe

Fachmodul:	Trainingslehre 3
Studiengang:	Prävention und Gesundheitsmanagement
Datum Präsenzphase:	06.10.2014-08.10.2014
Name, Vorname:	Nitschke, Simon
Studienort:	**Köln**
Semester:	**5. Semester**

Inhaltsverzeichnis

1 Lösung Aufgabe 1

1a) Diagnose:

Die Aufstellung der allgemeinen und biometrischen Daten des Kunden ist der erste Schritt der Trainingsplanung. Diese Diagnose hilft dem Trainer einen geeigneten und individuellen Trainingsplan aufzustellen. Die Diagnose ist die erste Stufe des „Fünf-Stufen-Modells der Trainingssteuerung" (Olivier et al, 2008, S.55 ff.) und je mehr Daten des Kunden erfasst worden, desto genauer weiß der Trainer über dessen aktuellen Gesundheits- und Trainingszustand Bescheid.

Tab. 1: Übersicht der allgemeinen und biometrischen Daten des Kunden:

Allgemeine Daten:		
Geschlecht	männlich	
Alter	20 Jahre	
Größe	1,85 m	
Gewicht	91 kg	
Beruf	Ausbildung zum KFZ Mechaniker	
Trainingsmotive	-Beginn mit Kampfsport 2-3 Mal in der Woche - Verbesserung der Beweglichkeit insbesondere bei High-Kicks	
Orthopädische Erkrankungen	- keine Einschränkungen	Beschwerdefrei!
Allgemeiner Gesundheitszustand	-guter allgemeiner Gesundheitszustand	

Zeitliche Verfügbarkeit	Täglich nach der Arbeit um 17:00 Uhr. Er hat zwar dienstags, donnerstags und freitags Training, kann jedoch dabei sein Dehn- und Koordinationstraining absolvieren	
Subjektive Beschwerden	Keine Beschwerden	
Sportliche Aktivität heute	- 2-3x pro Woche Kampfsport	
Sportliche Aktivität früher	- 2x pro Woche Fußball Training von 1,5 Std. bis zum 15. Lebensjahr - 1x pro Woche Squash spielen bis vor 1 Jahren	
Trainingszustand	- war noch nie im Fitnessstudio, ist unerfahren im Umgang mit Krafttraining -durch seinen sportlichen Werdegang ist er mit Ausdauer, Beweglichkeits- und Koordinationstraining vertraut.	- Bewertung für Krafttraining: Anfänger Bewertung für Ausdauer, Beweglichkeit und Koordination: Fortgeschritten

Biometrische Daten:	Parameter	Normalbereich	Bewertung
Blutdruck	135/85 mmHg	<120/80 mmHg optimal	Hochnormaler Blutdruck
Body-Maß-Index (BMI)	26,6	20-25 und bei 20 jährigen 19-24	Leichtes Übergewicht (vgl. Tab. 3 und 4)
Ruhepuls	68 Schläge/ Minute	60-70 Schläge/ Minute	Normaler Ruhepuls
Körperfettanteil	23,4 %	Bei Männern im Alter von 20 Jahre 8 - 25 %	Leicht erhöhter Körperfettanteil
Taillen-Hüft-Quotient	0,98	< 0,9 normal	Leicht bauchbetontes Übergewicht= höheres Risiko, an Herz-Kreislauf-Erkrankungen zu erkranken

An den folgenden Tabellen kann man die Normwerte für die biometrischen Daten der Person ablesen und anhand dieser seine Parameter bewerten.

Die roten Pfeile weisen auf die Bereiche hin, in denen die oben vorgestellte Person mit ihren jeweiligen Parametern liegt.

Tab. 2: Blutdruckwerte nach der Deutschen Hochdruckliga:

	Systolisch (mmHg)	Diastolisch (mmHg)
Optimal	<120	<80
Normal	<130	<85
Hochnormal	130-139	85-89
Grad 1 Hypertonie	140-159	90-99
Grad 2 Hypertonie	160-179	100-109
Hypertonie Grad 3	≥180	≥110
Isolierte syst. Hypertonie	≥140	≥90

Tab. 3: Gewichtsklassifikation Erwachsener anhand des BMI (WHO, 2008):

	Kategorie	BMI (kg/m²)	Kategorie
	Starkes Untergewicht	< 16	Untergewicht (Gewicht mit gesundheitlich negativen Auswirkungen)
	Mäßiges Untergewicht	16 – 17	
	Leichtes Untergewicht	17 – 18,5	
	Normalgewicht	**18,5 – 25**	**Normalgewicht!**
	Präadipositas	25 – 30	Übergewicht
	Adipositas Grad I	30 – 35	Adipositas (Fettleibigkeit, bzw. starkes Übergewicht mit krankhaften Auswirkungen)
	Adipositas Grad II	35 – 40	
	Adipositas Grad III	≥ 40	

Tab. 4: Optimaler BMI nach Alter und Geschlecht (Deutsche Gesellschaft für Ernährung, 1992) :

Alter	optimaler BMI
19-24	19-24
25-34	20-25
35-44	21-26
45-54	22-27
55-64	23-28
älter als 65	24-29

Klassifikation	Männer	Frauen
Untergewicht	<20	<19
Normalgewicht	20-25	19-24
Übergewicht	25-30	24-30
Adipositas	30-40	30-40
massive Adipositas	>40	>40

Tab. 5: Klassifikation Körperfett (Gallagher et al., 2000):

Männer:

Alter (Jahre)	niedrig	normal	hoch	sehr hoch
20-39	< 8 %	8–20 %	20–25 %	≥ 25 %
40-59	< 11 %	11–22 %	22–28 %	≥ 28 %
60-79	< 13 %	13–25 %	25–30 %	≥ 30 %

Der Proband ist aufgrund seiner biometrischen Daten gut belastbar. Durch seinen sportlichen Werdegang weist er ein gutes Körpergefühl auf und lässt sich als „fortgeschritten" einstufen.

2 Lösung Aufgabe 2

Vereinfachter Muskelfunktionstest nach Janda (2000) (Felder/Reiß, 2013, S.36-42)

Getestete Muskulatur:

- Brustmuskulatur
- Hüftbeugemuskulatur
- Kniestreckmuskulatur
- Kniebeugemuskulatur
- Wadenmuskulatur

Jede Testung kann als Ergebnis in die Richtwerte 0-2 unterteilt werden. Im Folgenden werden im Anschluss an die Beschreibung der Testausführung die Details der Bewertung tabellarisch aufgeführt. Grundsätzlich gilt:

Richtwert 0 → keine Beweglichkeitsdefizite

Richtwert 1 → leichte Beweglichkeitsdefizite

Richtwert 2 → deutliche Beweglichkeitsdefizite

Brustmuskulatur

Die Testperson wird in eine liegende Position in Rückenlage gebracht. Die Körperlage muss das Becken fixieren und der Tester muss eine Position einnehmen, bei der er Ausweichbewegungen im Oberkörper kontrollieren kann und diese zur Not fixieren.

Der Oberarm wird abgespreizt und nach außen rotiert, sodass ein 90° Winkel zwischen Oberarm und Oberkörper entsteht. Das Ellbogen gelenk wird auch wiederum in einen 90° Winkel gebracht. Der Unterarm müsste somit parallel versetzt zum Oberkörper verlaufen.

Wichtig ist dabei, dass der Tester eine Hyperlordose des Probanden unterbindet.

Tab 6: Beschreibung der Einteilung der Richtwerte für die Brustmuskulatur

Richtwert 0	Richtwert 1	Richtwert 2
Oberarm erreicht die Horizontale, durch leichten Druck des Testers kann Oberarm unter die Horizontale bewegt werden	Oberarm erreicht die Horizontale nicht, durch leichten Druck des Tester kann diese dann erreicht werden	Oberarm erreicht auch durch leichten Druck des Tester die Horizontale nicht

Hüftbeugemuskulatur

Der Proband liegt auf dem Rücken mit dem Gesäß an der Kante einer Liege oder eines Tisches, sodass ein Bein frei runter hängen kann.

Ein Bein wird zum Körper herangezogen, das andere hängt frei im entstandenen Überhang, der Tester beobachtet dabei den Hüftbeugewinkel im Verhältnis zur Körperlängsachse.

Wichtig ist dabei, dass der Tester eine Hyperlordose des Probanden unterbindet.

Tab 7.: Beschreibung der Einteilung der Richtwerte für die Hüftbeugemuskulatur

Richtwert 0	Richtwert 1	Richtwert 2
Oberschenkel erreicht die Horizontale, durch leichten Druck des Testers kann Oberschenkel unter die Horizontale bewegt werden	Oberschenkel erreicht die Horizontale nicht, durch leichten Druck des Tester kann diese dann erreicht werden	Oberschenkel erreicht auch durch leichten Druck des Tester die Horizontale nicht

Kniestreckmuskulatur

Der Proband liegt auf dem Rücken mit dem Gesäß an der Kante einer Liege oder eines Tisches, sodass ein Bein frei runter hängen kann.

Ein Bein wird zum Körper maximal herangezogen, das frei hängende Bein wird vom Tester fixiert und zusätzlich in einen maximalen Kniebeugewinkel geführt.

Wichtig ist dabei, dass der Tester eine Hyperlordose, oder ein ausweichen über das Becken des Probanden unterbindet.

Tab 8.: Beschreibung der Einteilung der Richtwerte für Kniestreckmuskulatur

Richtwert 0	Richtwert 1	Richtwert 2
Unterschenkel hängt senkrecht herab, durch leichten Druck des Testers ist es möglich die Beugung zu vergrößern	Unterschenkel ist leicht gestreckt, durch leichten Druck des Testers ist es möglich eine senkrechte Position zu erreichen	Unterschenkel ist deutlich gestreckt, auch durch Druck ist keine senkrechte Position mehr möglich

Kniebeugemuskulatur

Der Proband liegt auf dem Rücken, wobei das nicht getestete Bein aufgestellt wird. Das Kniegelenk des anderen Beins muss gestreckt sein und wird vom Tester so geführt, dass ein größtmöglicher Hüftbeugewinkel entsteht.

Wichtig ist dabei, dass der Tester eine Hyperlordose, oder ein ausweichen über das Becken des Probanden unterbindet. Das Kniegelenk muss stets gestreckt bleiben.

Tab 9.: Beschreibung der Einteilung der Richtwerte für Kniebeugemuskulatur

Richtwert 0	Richtwert 1	Richtwert 2
Die Flexion im Hüftgelenk ist bis 90° möglich	Die Flexion im Hüftgelenk ist von 80-90° möglich	Die Flexion im Hüftgelenk ist nur unter 80° möglich

Wadenmuskulatur

Der Proband liegt auf dem Rücken, wobei das nicht getestete Bein aufgestellt wird. Das andere Bein bleibt gestreckt liegen. Der Tester nimmt den Fuß des gestreckten Beins und drückt mit den Fingern an den Seiten des Fußes die Fußsohle zum Schienbein und übt gleichzeitig einen Zug auf die Ferse aus.

Bei maximalem Winkel wird das Knie in einer Beugung gebracht um M. gastrocnemius und M. soleus zu unterscheiden.

Tab 10.: Beschreibung der Einteilung der Richtwerte für Wadenmuskulatur

Richtwert 0	Richtwert 1	Richtwert 2
Eine Dorsalextension ist mindestens bis 0° möglich	Eine Dorsalextension ist möglich, aber nicht bis in die Position von 0°	Eine Dorsalextension ist nur bis 10° unter der 0° Position möglich

Auswertung der Testperson:

Tab 11.: Auswertung des vereinfachten Muskelfunktionstest nach Janda (2000) bei der angegebenen Testperson

Auswertung:	Bewertung in Form von gegebenen Richtwerten	Interpretation
Brustmuskulatur	Richtwert 0	Wie der Richtwert schon zeigt ist keinerlei Beweglichkeitsein-schränkung vorzufinden. Hier verstärkt zu dehnen wird nicht nötig sein.
Hüftbeugemuskulatur	Richtwert 1	Es sind nur leichte Hüftbeuge-verkürzungen vorzufinden, je-doch muss für seinen Kampf-sport hier ein besserer Wert erreicht werden
Kniestreckmuskulatur	Richtwert 1	Es sind nur leichte Verkürzun-gen vorzufinden, jedoch muss für seinen Kampfsport hier ein besserer Wert erreicht werden
Kniebeugemuskulatur	Richtwert 2	Starke Verkürzungen beim Kniebeuger werden vielerlei Arten von Kicks und Bewegun-gen einschränken, hier muss ein Schwerpunkt in der Dehnung gesetzt werden.
Wadenmuskulatur	Richtwert 2	Die starke Verkürzung der Wa-

		denmuskulatur wird es wesentlich erschweren explosive Bewegungen vom Boden aus in einen gestreckten Zustand auszuführen. Auch hier sollte Schwerpunktmäßig gedehnt werden.

Zusammenfassung

Es zeichnen sich insgesamt Problemzonen beim Probanden ab. Im Bereich des Oberkörpers lassen sich insgesamt keine Verkürzungen finden, wobei auch nur eine Testung in dem Bereich durchgeführt wurde. Im Bereich der unteren Extremitäten ist die Beinrückseite insgesamt in einem sehr schlechten Beweglichkeitszustand, die Beinvorderseite ist dabei tendenziell besser, aber auch bereits mit Tendenzen zur Beweglichkeitseinschränkung.

3   Lösung Aufgabe 3

Erstellung eines Dehnprogramms anhand der gegebenen Daten der Testperson aus Aufgabe 1.

Belastungsgefüge:

Tab 12.: Belastungsgefüge für ein Dehnprogram für die angebende Testperson

Belastungsgefüge	
Dauer	6 Wochen
Trainingsziel	- Verbesserung der allgemeinen Beweglichkeit - Verbesserung des aktiven und passiven Bewegungsradius insbesondere der unteren Extremitäten
Trainingsmethoden	Postisometrische Dehnung Aktiv-statische Dehnung Aktiv-dynamische Dehnung Passiv-statische Dehnung Passiv-dynamische Dehnung
Trainingsintensität (Wastl/Springer, 2005, S.2f)	Dehnungen 45 Sekunden mit 4 Wdh. Pausen ca. 20 Sekunden Dehnung bis zur Schmerzgrenze
Trainingshäufigkeit pro Woche (Felder/Reiß, 2013, S.61)	4-mal die Woche bis täglich
Dauer pro Trainingseinheit	20-30 min

Trainingsplanung

Tab 13.: ausgewählte Dehnübungen inkl. Beschreibung der Zielmuskulatur und Dehnmethode (Albers/Reiß, 2010, S.57ff)

Nennung der Dehnung inkl. Zielmuskulatur	Beschreibung der Ausführung und der Dehnmethode
Dehnung der hinteren Schultermuskulatur	Methode: Postisometrisch Stabiler, aufrechter, hüftbreiter Stand. Die Knie wer-

Zielmuskulatur: - M. trapezius, pars transversa - Mm. Rhomboidie - M. deltoideus, pars spinata	den leicht angewinkelt, das Becken und der Rumpf über Körperspannung fixiert. Der Kopf ist stets in Verlängerung der Wirbelsäule. Ein Arm wird auf Schulterhöhe vor den Körper gebracht, der andere Arm bewegt sich zum Ellbogengelenk des ersten Arms. Die Dehnposition wird durch Druck auf den Ellbogen ausgeführt, bei der postisometrischen Dehnung ist es jedoch wichtig eine Anspannungsphase zwischen drin aufzubauen. In dieser Phase drücken Ellbogen und drückender Arm gegeneinander für ca. 5 Sek. Die Spannung wird gelöst und die Dehnposition eingenommen. Das Verhältnis Anspannung Dehnung ist 5 zu 20 Sek.
Dehnung der Brust- und Armbeugemuskulatur Zielmuskulatur: - M. pectoralis major - M. deltoideus, pars clavicularis - M. biceps brachii	Methode und Arbeitsweise: aktiv- statisch Stabiler, aufrechter, hüftbreiter Stand. Die Knie werden leicht angewinkelt, das Becken und der Rumpf über Körperspannung fixiert. Der Kopf ist stets in Verlängerung der Wirbelsäule. Die Arme bewegen sich hinter den Körper, die Handflächen nach außen gedreht. Mittels Anspannung der antagonistischen Muskulatur werden die Arme in einer maximalen Ausnutzung gehalten.
Dehnung der Rückenstrecker Zielmuskulatur: - M. erecktor spinae	Methode und Arbeitsweise: passiv- statisch Die Dehnung wird in der Rückenlage ausgeführt. Dabei werden die angewinkelten Beine möglichst nah an den Oberkörper geführt, indem die Arme Druck auf die Schienbeine ausüben. Parallel dazu kommt der Schultergürtel den Beinen entgegen um eine möglich große Streckung zu erreichen. Die Endposition wird gehalten.
Dehnung der Gesäßmuskulatur Zielmuskulatur:	Methode und Arbeitsweise: passiv- statisch Die Dehnung wird in der Rückenlage ausgeführt. Ein Bein wird angewinkelt in den Boden gestellt, das andere Bein wird mit dem Unterschenkel dem ange-

- M. glutaeus maximus - M. glutaeus medius - M. glutaeus minimus	winkelten Bein über dem Kniegelenk aufgelegt. Die Arme ziehen dann das stützende Bein zum Körper, indem der Oberschenkel umgriffen wird. Die Endposition wird gehalten.
Dehnung der Hüftbeuger Zielmuskulatur: - M. illiopsoas - M. rectus femoris	Methode und Arbeitsweise: passiv- statisch Ein Bein wird gebeugt aufgestellt, dass andere wird in einer Form des Ausfallschrittes nach hinten mit dem gesamten Unterschenkel abgelegt. Das Knie des aufgestellten Beins bleibt hinter der Fußspitze und der Oberkörper kann auf dem Oberschenkel abgestützt werden. Der Oberkörper bleibt aufrecht und der Kopf ist in Verlängerung der Wirbelsäule. Die Dehnposition wird durch eine Verlagerung zum Boden erreicht indem das Becken nach vorne und nach unten gezogen wird. Dabei ist auf gleichzeitige Ausweichbewegungen des Beckens zu achten.
Dehnung der Beinstrecker Zielmuskulatur: - M. quadriceps femoris	Methode und Arbeitsweise: passiv- statisch Der Körper wird am Boden in eine stabile Seitenlage gebracht, der zum Bodenliegende Arm wird dabei wie der Kopf in die Verlängerung der Wirbelsäule gebracht und der Kopf anschließend auf diesem abgelegt. Das zum Boden nähere Bein wird in einem rechten Winkel und gebeugtem Kniegelenk vor dem Körper abgelegt. Das vom Boden entfernte Bein wird am Schienbein kurz über dem Sprunggelenk vom noch freien Arm mit der Ferse maximal zum Gesäß gezogen. Die endgültige Dehnposition wird durch das vorschieben der Hüfte erreicht.
Dehnung der Beinbeuger Zielmuskulatur: - M. biceps femoris - M. semitendinosus - M. semimembranosus	Methode und Arbeitsweise: aktiv- dynamisch Die Dehnung wird in der Rückenlage ausgeführt, der Kopf liegt in der Verlängerung der Wirbelsäule. Ein Bein wird leicht angewinkelt aufgestellt, dass andere Bein wird mit gestrecktem Kniegelenk nach oben gebracht, sodass eine möglichst große Flexion im Hüftgelenk entsteht. Die Dehnung entsteht durch die

	Kontraktion des M. quadrizeps femoris, wobei die Endposition durch kontrollierte, kleine, impulsive Bewegungen versucht wird zu erweitern. Die Arme liegen währenddessen neben dem Körper und stabilisieren den Körper.
Dehnung der Beinbeuger 2 Zielmuskulatur: - M. biceps femoris - M. semitendinosus - M. semimembranosus	Methode und Arbeitsweise: passiv- statisch Die Ausgangsposition ist ein stabiler Kniestand am Boden mit geradem Rücken, der Kopf in Verlängerung der Wirbelsäule. Ein bei wird nahezu gestreckt vor dem Körper platziert mit aufgesetzter Ferse. Die Arme befinden sich neben dem Körper. Die Dehnposition wird durch die Verlagerung des Oberkörpers nach vorne erreicht, indem am Becken abgeknickt wird, der Rücken muss dabei weiterhin gerade bleiben. In der Endposition wird durch kontrollierte, kurze, impulsive Bewegungen versucht einen größeren Bewegungsradius zu erreichen.
Dehnung der Adduktoren Zielmuskulatur: - M. pectineus - M. adduktor longus - M. gracilis - M. adduktor brevis - M. adduktor magnus	Methode und Arbeitsweise: passiv- dynamisch Die Dehnung wird in einer stabilen aufrechten Sitzposition ausgeübt. Der Kopf ist in der Verlängerung der Wirbelsäule. Ober- und Unterschenkel sind komplett auf dem Boden abgelegt und werden jeweils möglichst weit nach außen geführt. Zur Intensivierung der Dehnung können die Fußspitzen gefasst werden und sich an diesen nach unten und vorne gezogen werden.
Dehnung der Wadenmuskulatur Zielmuskulatur: - M. gastrocnemius - M. soleus	Methode und Arbeitsweise: passiv- dynamisch Stabiler, aufrechter Stand. Das Becken und der Rumpf über Körperspannung fixiert. Der Kopf ist stets in Verlängerung der Wirbelsäule. Ein Bein wird mit gestreckten Knie und abgesetzter Fußsohle nach hinten gesetzt werden, dass andere leicht angewinkelt nach vorne gebracht wird. Oberkörper und Oberschenkel des hinteren Beins bilden eine Linie. Die Dehnung wird durch eine Bewegung des vorde-

	ren Beins nach Unten erreicht, sodass die Streckung im hinteren Bein vergrößert wird. In der Endposition wird durch kontrollierte, kurze, impulsive Bewegungen versucht einen größeren Bewegungsradius zu erreichen.

Begründung der Übungsauswahl:

Bei dem Dehnprogramm sollen in kurzer Zeit alle wichtigen Muskel- und Gelenkgruppen einbezogen werden. Das Programm verläuft von oben nach unten. Da im Oberkörper keine Beweglichkeitseinschränkungen aufgefallen sind und die Trainingsmotivation den Kicks des Kampfsports gilt liegt der Schwerpunkt auf den unteren Extremitäten, insbesondere der Beinrückseite, da diese im Test besonders negativ aufgefallen ist.

Aus dem Grund ist auch jeweils eine aktive Dehnung im Bereich der Brustmuskulatur und eine im Bereich der Oberschenkelrückseite. Die Brustmuskulatur zeigte keine Einschränkungen, weshalb bei der aktiven Dehnung ein hoher Bewegungsradius ausgenutzt werden kann um diesen auch aktiv zu nutzen. Bei der Oberschenkelrückseite sind zwei Dehnungen zu finden, einmal passiv und einmal aktiv um dort beide Bewegungsmuster zu gleich zu bearbeiten, insbesondere für hohe Frontkicks, um die Bewegungsreichweite zu erhöhen. (Klee/Wiemann, Jahr Unbekannt, S.4/S.13f)

Die Dynamischen Dehnungen sind an den Bewegungsmustern eingebaut, welche durch einen Druck in den Boden diese auch sicher und kontrolliert eingebaut werden können.

4 Lösung Aufgabe 4

Erstellung eines Gleichgewichtsprogramms anhand der gegebenen Daten der Testperson aus Aufgabe 1.

Belastungsgefüge:

Tab 14.: Belastungsgefüge für ein Gleichgewichtsprogram für die angebende Testperson

Belastungsgefüge	
Trainingsintensität Sätze und Satzpausen	Jede Übung 2 mal wiederholen, die Satzpause sollte möglichst kurz gewählt sein → bis maximal 10 Sek.
Belastungsdauer	Stabilisierende Übungen 20-30 Sek halten (Koch, 2008, S.45) Dynamische Übungen ca. 15 Wdh.
Trainingshäufigkeit pro Woche	3-4 mal

Trainingsprogramm

Tab 15.: ausgewählte Gleichgewichtsübungen, angelehnt und modifizierte Übungsauswahl nach Koch (Koch, 2008, S.45)

Nennung der Gleichgewichtsübung	Beschreibung und Ausführung der Übung
Schlussstand mit geschlossenen Augen	Beide Füße werden mit Kontakt von je der Zehenspitze und der Ferse des anderen Fußes voreinander gestellt. Dabei werden die Augen geschlossen und die Position versucht zu halten. Die Arme wenn möglich hängen lassen.
Einbeiniger Stand mit Schwung des in der Luft befindlichen Beins Geschlossene Augen	Ein Bein steht fest auf dem Boden, das andere Bein schwingt leicht nach vorne und nach hinten. Die Augen sind währenddessen geschlossen und die Position muss versucht werden zu halten.
Einbeiniger Stand mit Schwung des in der Luft befindlichen Beins in diverse Richtungen	Ein Bein steht fest auf dem Boden, das andere Bein schwingt stark in alle möglichen Richtungen. Die Augen sind währenddessen geschlossen und die Position muss versucht werden zu halten.

Geschlossene Augen	
Einbeiniger Stand: Diagonales Fassen von Hand und Fuß vorne, paralleles Fassen hinten.	Ein Bein steht fest auf dem Boden. Das freie Bein geht Kontrolliert nach vorne und nach hinten mit einem möglichst großen Bewegungsradius. Bei der Bewegung nach vorne sollen sich die Fußspitze und die diagonal verlaufende Hand berühren ggf. kurz halten. Bei der Bewegung nah hinten sollte die parallele Hand die Ferse des Fußes ergreifen können.
Einbeiniger Stand: Diagonales Fassen von Hand und Fuß mit geschlossenen Augen	Ein Bein steht fest auf dem Boden. Das freie Bein geht Kontrolliert nach vorne und nach hinten mit einem möglichst großen Bewegungsradius. Bei der Bewegung nach vorne sollen sich die Fußspitze und die diagonal verlaufende Hand berühren ggf. kurz halten. Bei der Bewegung nah hinten sollte die parallele Hand die Ferse des Fußes ergreifen können. Das Ganze mit geschlossenen Augen.
Einbeiniges diagonal gerichtetes Springen	Ein Bein steht in der Ausgangsposition fest auf dem Boden. Nun wird ein Sprung diagonal nach vorne ausgeführt. Der Sprung sollte beim Landen erst so abgefangen werden, dass erneut eine stabile Position erreicht wird, um von dort aus den Vorgang zu wiederholen.
Einbeiniges diagonal gerichtetes Springen mit geschlossenen Augen	Ein Bein steht in der Ausgangsposition fest auf dem Boden. Nun wird ein Sprung diagonal nach vorne ausgeführt. Der Sprung sollte beim Landen erst so abgefangen werden, dass erneut eine stabile Position erreicht wird, um von dort aus den Vorgang zu wiederholen. Das Ganze mit geschlossenen Augen.
Schlussstand auf dem Balancepad	Beide Füße werden mit Kontakt von je der Zehenspitze und der Ferse des anderen Fußes voreinander gestellt. Die Arme wenn möglich hängen lassen.
Schlussstand auf dem Balancepad mit einem Gymnastikball in Halbkreisbewegung über dem Kopf	Beide Füße werden mit Kontakt von je der Zehenspitze und der Ferse des anderen Fußes voreinander gestellt. Gleichzeitig soll ein Ball über dem Kopf die Körperachse wechseln, um somit Ungleichgewichte zu schaffen die ausgeglichen werden müssen.

Schlussstand auf dem Balancepad mit geschlossenen Augen und abrupten Kopfbewegungen in diverse Richtungen	Beide Füße werden mit Kontakt von je der Zehenspitze und der Ferse des anderen Fußes voreinander gestellt. Die Arme wenn möglich hängen lassen und die Augen sind geschlossen. Ziel ist es nun den Kopf aus seiner natürlichen Position möglichst schnell in eine beliebige Richtung zu beschleunigen und plötzlich anzuhalten. Diese Übung sollte in diverse Richtung ausgeübt werden. Der Kopf muss vor jedem Richtungswechsel seine Ausgangsposition wieder erreichen.

Begründung der Übungsauswahl:

Der Trainierte ist ein junger Mann, der sich durch diverse sportliche Aktivitäten fit hält, jedoch keinen festen Sport bisher verfolgt und erst jetzt mit einem Kampfsport beginnen möchte, wodurch ein festes Training entsteht.

Die Übungen sollten auf Grund seines Alters, Verfassung und seiner Ambition nicht zu leicht gewählt werden, sollten ihn aber auch nicht komplett überfordern, zudem sollte das Training spezifisch für den Sport gewählt werden. (Koch, 2008, S. 37ff) Im Folgenden werden überwiegend die Vorteile für seine Trainingsmotivation des Kampfsportes beschrieben, gleichzeitig wird aber auch das Gleichgewichtsempfinden für den Alltag mittrainiert.

Aus diesem Grund sind zunächst einfache Übungen gewählt wie der Schlussstand, allerdings direkt mit leichten Erhöhungen des Schwierigkeitsgrades durch das Schließen der Augen. Durch das Ausführen vieler Kicks ist es wichtig gerade die Stabilität auf einem Bein zu erreichen. Darum folgen nach dem Schlussstand einbeinige Übungen mit Schwungkomponente, welche sich nach und nach durch komplexere Aufgaben erschwert, durch das Schwingen in diverse Richtungen oder das Ergreifen der Füße mit den Händen. Um nach Kicks oder schnellen Drehungen z.B. aus der Luft stabilen Halt zu finden folgt eine dynamische Gleichgewichtsübung einmal mit offenen und geschlossenen Augen um zum einen die Progression zu erhöhen und zum anderen das stabile Landen ohne feste Fixpunkte zu trainieren. (Koch, 2008, S.15ff/S.85)

Um die Komplexität zu erhöhen wird für die letzten Übungen ein Balancepad hinzugenommen. Das Balancepad erschwert alle Übungen im Verhältnis enorm und sollte eine relativ große Herausforderung für den Trainierenden darstellen. Der Ball soll für unnatürliche Ungleichgewichte darstellen, welche jederzeit durch Druck sämtlicher Art auf den Körper einwirken können. Die letzte Übung dient zum Ausgleichen nach schnellen

Richtungswechseln des Kopfes durch sportartenspezifisches Ausweichen, oder beim Einstecken von Treffern, um möglichst schnell wieder seine Ausgangsposition zu errei-chen. Es schult aber auch vermeintlich einfache alltägliche Situationen wie das Über-queren einer Straße, wenn z.B.: durch Hupsignale der Kopf schnell gewendet werden muss

5   Lösung Aufgabe 5

Effekte des Dehnens auf die Bewegungsreichweite bzw. auf die Dehnungsspannung - Studien im Vergleich

Tab 16.: Effekte des Dehnens auf die Bewegungsreichweite bzw. auf die Dehnungsspannung, Vergleich zweier Studien

Wer	Sabine Glück	Georg Wydra
Studie	„Beeinflussung der Beweglichkeit durch unterschiedliche physische und psychische Einwirkungen"	„Zur Effektivität verschiedener Dehntechniken unter besonderer Berücksichtigung von Seitenunterschieden"
Jahr	Saarbrücken 2005	2003
Welche Personen nahmen teil?	-27 Sportstudenten - 16 Männer und 11 Frauen -Alter d. Gruppe 24,8 ± 1,7 Ausgeschlossen waren Studenten mit Sportarten mit überdurchschnittlichen Bewegungsanteilen.	-80 Patienten der Bosenbergklinik in St.Wendel -alle in stationärer Heilbehandlung auf Grund internistischer und psychovegetativer Erkrankungen.
Versuchsaufbau	-Zufälliges Verteilen auf 3 Gruppen -überprüft wurde die ischiocrurale Muskulatur -pro Gruppe gab es eine der folgenden Methoden: 1. direkte Eigendehnung 2. indirekte Eigendehnung 3. indirekte Fremddehnung	-pro Versuchsgruppe je 10 Frauen und 10 Männer (40 Männer, 40 Frauen) -bewertet wurde die aktive und die passive Beweglichkeit der ischiocruralen Muskulatur -die Testung erfolge mit einem Goniometer nach Zacher mittels Neutral-Null-Methode - Folgende passive Dehn-

22

	-Insgesamt 5 Wochen, eine Woche Eingewöhnungsphase, 1 Woche Pause, 3 Wochen Testphase Während der 5 Wochen durften keine intensiven Belastungen ausgeübt und kein zusätzliches Beweglichkeitsprogramm zugefügt werden.	methoden kamen, inkl. Kontrollgruppe mit reiner Heilbehandlung in der Klinik, zum Einsatz: 1.Gehaltene Dehnung 2. Contract- Release- Dehnung 3. Dynamische Dehnung - Insgesamt 2 Wochen mit täglicher Dehnung zur gleichen Tageszeit, mit einer Behandlungsdauer von ca. 10 min. (Insgesamt 11 Behandlungen)
Relevante Ergebnisse	In Bezug auf die Bewegungsreichweite konnte der Studie nach eine signifikante Verbesserung von 9% festgestellt werden über die Zeit der fünf wöchigen Phase. Dabei erreichte die direkte Eigendehnung die insgesamt größeren Gelenkwinkel. Durch die praktikable Anwendungsmöglichkeit dieser Methode und der signifikanten Verbesserung ist nach dieser Studie ein Dehnen mit dieser Methode empfehlenswert.	Aus den Festgehaltenen Ergebnissen geht hervor, dass jede der drei Dehntechniken die Beweglichkeit der Patienten erhöhte und der Fortschritt im schwächeren Bein besser ausfiel. Allerdings war die Verbesserung im schlechteren Bein nicht signifikant erhöht. Von den drei Methoden zeigte die passive dynamische Dehnung den höchsten Effekt für beide Beine.

Zusammenfassung:

Auffallend in beiden Studien ist egal nach welcher Dehnmethode gedehnt wurden ist, dass alle Dehnmethoden zu einer Verbesserung der Bewegungsreichweite führten, obwohl gerade in Studie zwei der Testzeitraum extrem kurz angesetzt war. Damit wird jedoch in beiden Studien belegt, dass durch ein Dehnprogramm zumindest kurz- bis mittelfristig eine Verbesserung der Bewegungsreichweite erreicht werden kann. Die Unterschiede zwischen den einzelnen Dehnmethoden sind in keiner Studie dramatisch hoch ausgefallen, sodass bei der Umsetzung in der Praxis überlegt werden sollte, ob nicht lieber auf einen minimal höheren Effekt anstelle einer besseren und ggf. effizienteren Umsetzung verzichtet werden sollte.

6   Literaturverzeichnis

Albers, T./Reiß, M. (2010). Übungskatalog Gruppentraining. Unveröffentlichtes Studienmaterial der Deutschen Hochschule für Prävention und Gesundheitsmanagement.

Deutsche Gesellschaft für Ernährung e.V. (1992). *Ernährungsbericht 1992*

Felder, H./Reiß, M. (2013). *Studienbrief Trainingslehre 3 - Gesundheitsorientiertes Beweglichkeits- und Koordinationstraining.* Unveröffentlichtes Studienmaterial der Deutschen Hochschule für Prävention und Gesundheitsmanagement.

Gallagher, D., Heymsfield, S., Heo, M., Jebb, S., Murgatroyd,P. & Sakamoto, Y. (2000). Healthy percentage body fat ranges: an approach for developing guidelines based on body mass indexAmerican. *Journal of Clinical Nutrition*, Vol.72

Glück, S. (2005). Beeinflussung der Beweglichkeit durch unterschiedliche physische und psychische Einwirkungen. Zugriff am 17.10.2014. Verfügbar unter http://scidok.sulb.uni-saarland.de/volltexte/2005/484/pdf/Druckversion_Dissertation.pdf

Klee, A./Wiemann, K. (Jahr unbekannt). Methoden und Wirkungen des Dehnungstrainings. Zugriff am 17.10.2014. Verfügbar unter http://www.biowiss-sport.de/kl-wiem-Oostende2.pdf

Koch, H. (2008). Wirkungen des Gleichgewichtstrainings auf die Kraftfähigkeit bei Karatekas. Zugriff am 17.10.2014. Verfügbar unter http://tobias-lib.uni-tuebingen.de/volltexte/2008/3669/pdf/Dissertation_Koch.pdf

Kölner Interprofesionelles Skills Lab (2007). Blutdruckmessung. Zugriff am 17.10.2014.Verfügbar unter:
http://www.google.de/url?sa=t&rct=j&q=k%C3%B6lner%20interprofessionelles%20sk
ills%20lab.%3A%20blutdruckmessung%2C%202007&source=web&cd=1&ved=0CCY
QFjAA&url=http%3A%2F%2Fwww.pflegesoft.de%2Fforum%2Findex.php%3Faction
%3Ddlattach%3Btopic%3D391.0%3Battach%3D1175&ei=3Q5hT7POF9GOswag6sya
Bg&usg=AFQjCNEhpv1j_PohaXnyHdawUPjk83x83w&cad=rja

Stemper, T/Wastl, P. (2005). Thema Dehnen. Zugriff am 17.10.2014. Verfügbar unter
http://user.phil-fak.uni-duesseldorf.de/~wastl/Wastl/Fitness/Dehnen.PDF

Wydra, G. (2003). Zur Effektivität verschiedener Dehntechniken unter besonderer Be-
rücksichtigung von Seitenunterschieden. Zugriff am 17.10.2014. Verfügbar unter
http://www.sportpaedagogik-sb.de/pdf/Datenreanalyse.pdf

7 Tabellenverzeichnis